예수님이 내게 가르쳐주신 기도

주기도문

KIWY 청소년성경공부 학생용

예수님이 내게 가르쳐주신 기도

주기도문

좋은씨앗

키위 청소년 성경공부 시즌 투 ❷ 경건생활(학생용)
주기도문 _ 예수님이 내게 가르쳐주신 기도

1판 1쇄 발행_ 2012년 5월 25일
1판 5쇄 발행_ 2021년 8월 10일

지은이_ 이재욱
펴낸이_ 신은철
펴낸곳_ 좋은씨앗
출판등록_ 제4-385호(1999.12.21)
주소_ 서울시 서초구 바우뫼로 156, 양재동 MJ빌딩 402호
주문전화_ 02-2057-3041 주문팩스_ 02-2057-3042
페이스북_ facebook.com/goodseedbook
ISBN 978-89-5874-187-9 04230
ISBN 978-89-5874-161-9 (세트)

신앙 인격이 형성되는 청소년기는 체계적인 성경 교육이 무엇보다 중요한 시기입니다. 그러나 안타깝게도 현장의 공과 교육은 그야말로 말라죽기 직전의 상황처럼 보입니다. 어떤 특정한 프로그램이나 교재가 이러한 상황을 한 번에 뒤집어놓을 수 있다고 여기는 것은 대단히 어리석은 일일 것입니다. 신앙 교육의 근간은 하나님의 은혜 안에 견고하게 뿌리내린 교육자들입니다. 그래서 하나님께서 교회에 사도와 선지자, 복음 전하는 자, 목사와 교사를 주셨다고 성경은 말합니다(엡 4:11). 그러므로 청소년 목회자와 교사들의 부단한 인내와 인고의 열정이 이 땅의 청소년들을 다시 일으키는 가장 중요한 밑거름이 될 것입니다.

교재는 그들이 손에 쥔 도구입니다. 도구는 얼마나 크고 화려하며 강한 것이냐가 아니라 손에 얼마나 알맞은 것이냐가 중요합니다. 다윗의 손에 잘 맞는 돌멩이 하나가 골리앗을 쓰러뜨리기에 수많은 칼이나 창보다 적합했듯이 말입니다. 〈*KIWY* 청소년 성경공부〉 시리즈는 책상이 아니라 현장에서 나온 교재입니다. 어떻게 하면 하나님의 귀한 말씀을 아이들에게 잘 먹일 수 있을지 오랜 시간 고민한 현장 사역자들의 수고가 담긴 교재입니다. 오랜 시간 동안 장인의 손으로 매만진 도구입니다.

이 교재를 집어든 현장 동역자들이 손에 딱 맞는, 그래서 내 몸의 일부처럼 움직일 수 있는 편안한 도구를 만나는 반가움을 경험할 수 있다면, 저희 집필진들에게 더할 나위 없는 기쁨이 될 것입니다. 부디 여러분과 이 돌멩이가 함께 난공불락처럼 보이는 신앙교육에 대한 여러 도전들을 격파하는 귀한 하나님의 도구가 되기를 간절히 기도합니다.

_ 이재욱 목사

KIWY 청소년 성경공부 목표

- 청소년을 전인적 그리스도인으로 교육하고자 합니다.
- 공과만 충실하게 해도 학습, 세례, 입교 교육이 충분히 될 만큼 교리적, 실천적으로 균형 있는 신앙관을 제공합니다.
- 보다 쉽고 친근하게 주제에 다가갈 수 있도록 구성했습니다.
- 부족한 시간과 시설 때문에 고민하는 현장 교사들의 상황을 고려하며 대안을 제시합니다.

KIWY 청소년 성경공부 구성

본 교재는 교리탐구, 경건생활, 사회생활, 인물탐구 네 분야를 1년 48주에 걸쳐 3년 동안 교육하도록 구성되어 있습니다. 각 권은 12주 과정입니다. 선택적으로 사용할 수 있는 특별과정 교재 1권이 따로 제공됩니다.

- **교리탐구** - 그리스도인이라면 반드시 숙지해야 할 기본교리를 살펴보며 하나님과 나에 대해 알아갑니다.
- **경건생활** - 그리스도인으로서 추구해야 할 경건을 배우고 익히며 실천하도록 독려합니다.
- **사회생활** - 청소년 그리스도인들이 세상에서 부딪히는, 또 앞으로 부딪힐 필수적인 실천 주제들에 대해 성경적인 관점을 확고하게 정립합니다.
- **인물탐구** - 성경의 주요 인물을 성경의 큰 흐름에 따라 살펴보며 하나님이 어떻게 각 사람의 인생에 개입해 큰 그림을 만들어가시는지 배웁니다.
- **특별과정** - 개 교회의 주요 행사 및 절기에 맞는 공과 진행을 돕습니다.

* 자세한 커리큘럼은 www.gsbooks.org를 참고해주세요!

하나! 공과 교재가 쉽다

공과 반은 다양한 수준의 학생들이 모여 있으므로 공과는 누구나 쉽게 접근할 수 있는 것이어야 합니다. 학생 수준에 따른 심화 교육은 리더훈련이나 제자훈련 같은 별도의 양육과정에서 하는 것이 바람직합니다.

둘! 길거나 복잡하지 않다

현장의 공과 환경은 공과를 오래 끌기에 무리가 많습니다. 적어도 30분 안에 끝낼 수 있도록 교재를 쉽고 단순하게 구성했고, 성경 본문을 별도로 찾을 필요가 없도록 문제와 함께 제시합니다.

셋! 다양한 주제들을 다룬다

쉽고 단순해도 청소년 시기에 분명히 다루어야 할 주제들을 교리탐구, 경건생활, 사회생활, 인물탐구 분야별로 풍성하게 다룹니다.

넷! 말씀 중심이다

분명한 말씀 전달 없이 주제 하나 놓고 어영부영 자기 생각만 나누다가 공과를 끝내서는 안 됩니다. 말씀만큼은 주입식 교육이 확실하게 이루어져야 합니다. 믿음은 '들음'에서 오지 '토론'에서 오지 않습니다.

다섯! 주제가 명료하다

귀납식 탐구 학습은 그 나름대로 장점이 있으나 현장의 제한된 환경에서 시행하기에는 다소 무리가 있습니다. 본 교재는 본문에서 얻는 교훈을 단순화해 적어도 한 가지 주제만은 분명하게 기억하도록 돕습니다.

여섯! 구체적인 실천 과제를 제시한다

공과가 생활 속 실천으로 이어지도록 구체적인 과제를 제시하고, 이를 통해 교사가 학생들을 주중에 심방하도록 구성했습니다.

일곱! 시선을 사로잡는다

한 눈에 들어오고 청소년들의 취향에 적합한 디자인이 되도록 노력했고, 학습 의욕을 북돋는 삽화와 만화를 도입부에 수록했습니다.

C.O.N.T.E.N.T.S

주기도문 : 기도의 기초를 세운다

많은 사람들이 기도는 그냥 하면 되는 것이라고 생각합니다. 전혀 틀린 생각은 아닙니다. 기도란 하나님과의 영적 대화입니다. 그러므로 태어나서 자연스럽게 말을 익히듯 영적으로 거듭나면 자연스럽게 되는 일이기도 합니다.

그러나 아이들이 말을 익히기까지 얼마나 많은 실수와 훈련을 거듭하는지 생각해보십시오. 서너 살 때에는 분명 지금의 여러분처럼 말을 잘하지 못했을 것입니다. 지식과 판단력이 지금과 같지 않고, 무엇보다 말하는 훈련이 덜 되었기 때문입니다. 그러면 여러분은 지금 말을 충분히 잘 합니까? 그게 또 그렇지 않습니다. 일상 대화는 무리가 없겠지만 보다 높은 차원에서 의사소통하기 위해선 또 다른 훈련이 필요합니다. 특정 분야의 전문가들끼리 하는 말을 우리는 전혀 알아듣지 못할 수 있습니다. 우리는 여전히 지식을 더 키우고

언어 훈련을 해야 합니다.

기도도 마찬가지입니다. 자연스럽게 되는 일이기도 하지만 무엇보다 많은 훈련이 필요합니다. 우리의 기도가 하나님과 깊이 소통하는 더 좋은 기도가 되려면 배워야 합니다. 이 책에서 우리가 함께 나누는 '주기도문'은 기도를 배울 수 있는 가장 좋은 길입니다.

주기도문은 말 그대로 주님인 예수님이 가르쳐주신 기도입니다. 주기도문에는 우리가 기도할 때 하나님을 어떻게 대해야 하는지, 우리가 기도하는 하나님은 어떠한 분인지에 대한 지식이 담겨 있습니다. 하나님의 사람은 무엇을 구해야 하고, 무엇을 소망해야 하는지 얘기하고 있습니다. 그리하여 하나님은 어떤 기도를 기뻐하고 받으시는지 깨닫게 해줍니다.

주기도문이라고 해서 기도의 전부를 보여주지는 않습니다. 그러나 기도에 반드시 필요한 기초를 세워줍니다. 그야말로 기도의 교과서입니다. 주기도문을 기초로 삼아 우리는 좋은 기도의 훈련을 해나갈 수 있습니다. 기도는 하나님의 놀라운 역사를 경험하는 가장 중요한 통로입니다. 하나님의 능력을 덧입는 신자의 권세입니다. 주기도문을 바르게 익히고, 나의 고백으로 삼아 놀라운 기도의 능력을 경험하는 모두가 되기를 간절히 바랍니다. ■

session 01

하늘에 계신 : 하나님은 어디에?

그러므로 너희는 이렇게 기도하라 하늘에 계신 우리 아버지여
이름이 거룩히 여김을 받으시오며(마 6:9).

OPEN MIND 오픈마인드

집과 학교 말고 내가 가장 자주 가는 곳은 어디입니까?

1. 하나님은 어디에 계십니까?(엡 4:6, 고전 3:16)

에베소서 4:6 하나님도 한 분이시니 곧 만유의 아버지시라 만유 위에 계시고 만유를 통일하시고 만유 가운데 계시도다.

고린도전서 3:16 너희는 너희가 하나님의 성전인 것과 하나님의 성령이 너희 안에 계시는 것을 알지 못하느냐.

2. 하나님은 어디에나 계시는데, 예수님이 주기도문에서 콕 집어 하늘에 계신다고 고백한 의미는 무엇입니까?

1) 하나님은 ________________이라는 고백(사 33:5)

이사야 33:5 여호와께서는 지극히 존귀하시니 그는 높은 곳에 거하심이요 정의와 공의를 시온에 충만하게 하심이라.

2) 하나님은 ________________ 이라는 고백(창 14:19, 느 9:6)

창세기 14:19 그가 아브람에게 축복하여 이르되 천지의 주재이시요 지극히 높으신 하나님이여 아브람에게 복을 주옵소서.

느헤미야 9:6 오직 주는 여호와시라 하늘과 하늘들의 하늘과 일월성신과 땅과 땅 위의 만물과 바다와 그 가운데 모든 것을 지으시고 다 보존하시오니 모든 천군이 주께 경배하나이다.

3) 하나님은 ________________ 이라는 고백(시 103:19)

시편 103:19 여호와께서 그의 보좌를 하늘에 세우시고 그의 왕권으로 만유를 다스리시도다.

핵심만 콕콕!

나는 하늘처럼 지극히 높고
가장 존귀한 하나님, 천지를 창조하고
다스리시는 왕인 하나님을 믿고
그분에게 기도한다.

OPEN LIFE 오픈라이프

나눔 내가 하나님께 기도 드리기 가장 좋은 장소는 어디인가요? 또 하루 중 가장 좋은 시간은 언제인가요?

예 : 내 방, 화장실, PC방, 독서실, 길거리, 통학 버스, 학교 운동장 벤치, 교회 기도실…
아침에 눈뜨자마자, 잠자리에 들기 직전, 공부 시작하기 전, 식사 전후…

실천 한 주 동안 위에서 말한 장소에 갈 때마다 하나님을 높여드리고, 하나님이 나의 모든 것을 주장하시는 왕임을 고백하는 기도를 드려보세요. 한 번이라도 기도한 날에는 동글이에게 환한 표정을 그려 넣어 주세요.

예 :
- 하나님, 하나님은 가장 높으신 분입니다. 영광 받으시길 원합니다.
- 하나님, 하나님은 다스리시는 분입니다. 오늘 하루, 제 삶의 모든 것을 다스려주세요. 하나님께 순종하길 원합니다.

일	월	화	수	목	금	토

가장 높이 계셔서 영광 받기에 합당하신 하나님! 어느 곳에 있든지 하나님의 높고 뛰어나심을 인정하고, 하나님이 제 삶의 주인 되심을 느끼며 살 수 있게 인도해주세요.

session 02

우리 아버지여 : 아빠 아버지!

그러므로 너희는 이렇게 기도하라 하늘에 계신 우리 아버지여
이름이 거룩히 여김을 받으시오며(마 6:9).

OPEN MIND 오픈마인드

아이가 돌에 걸려 넘어졌습니다. 주변 인물과 아이의 관계를 상상하며 그 사람이 할 것 같은 말을 적어봅시다(예 : 아이 엄마, "아이구, 조심해야지!").

1. 예수님을 믿는 사람들은 하나님과 어떠한 관계가 됩니까?(요 1:12, 롬 8:15)

요한복음 1:12 영접하는 자 곧 그 이름을 믿는 자들에게는 하나님의 자녀가 되는 권세를 주셨으니.

로마서 8:15 너희는 다시 무서워하는 종의 영을 받지 아니하고 양자의 영을 받았으므로 우리가 아빠 아버지라고 부르짖느니라.

2. 우리가 자녀로서 하나님께 구할 때, 하나님은 어떻게 응답하십니까?(마 7:9-11)

마태복음 7:9-11 [9] 너희 중에 누가 아들이 떡을 달라 하는데 돌을 주며 [10] 생선을 달라 하는데 뱀을 줄 사람이 있겠느냐 [11] 너희가 악한 자라도 좋은 것으로 자식에게 줄 줄 알거든 하물며 하늘에 계신 너희 아버지께서 구하는 자에게 좋은 것으로 주시지 않겠느냐.

3. 참된 자녀는 어떠한 마음으로 하나님께 기도해야 합니까?(막 14:36)

마가복음 14:36 이르시되 아빠 아버지여 아버지께는 모든 것이 가능하오니 이 잔을 내게서 옮기시옵소서 그러나 나의 원대로 마시옵고 아버지의 원대로 하옵소서 하시고.

핵심만 콕콕!

나는 나의 아버지, 곧 자녀에게
가장 좋은 것을 주기 원하시는
사랑의 하나님께 기도한다.

OPEN LIFE 오픈라이프

나눔 하나님께 깊은 친밀감을 느껴본 적이 있나요? 언제 그랬는지 얘기해보고, 없다면 그 이유가 무엇인지 생각해보세요.

실천 하나님을 아빠, 엄마 혹은 가장 친한 친구처럼 친밀한 분으로 생각하면서 '내 생애 가장 닭살 돋는 표현' 으로 하나님과 얘기해보세요. 혹은 '닭살 대박 경연대회' 에 응모해보세요.

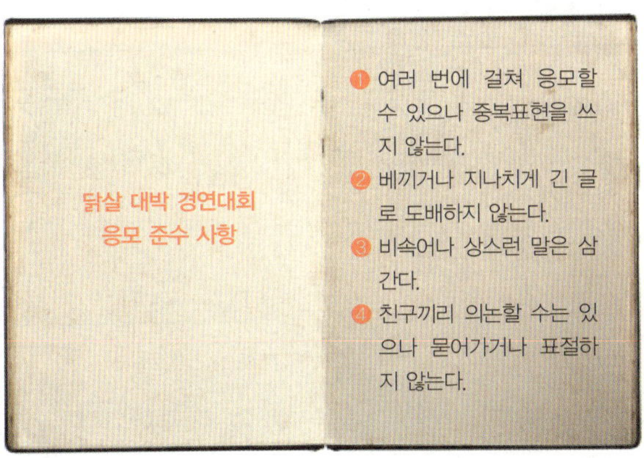

하나님, 하나님이 나의 아버지 되심을 믿습니다. 언제 어디서나 저를 인도하시고 제게 가장 좋은 것을 주시는 아버지 하나님을 믿고 따라가기 원합니다.

session 03

이름이 : 그의 이름을 불렀을 때

그러므로 너희는 이렇게 기도하라 하늘에 계신 우리 아버지여
이름이 거룩히 여김을 받으시오며(마 6:9).

OPEN MIND 오픈마인드

자기 이름을 소개해보세요. 어떻게 지어졌고 어떤 뜻을 담고 있나요?

OPEN BIBLE 오픈바이블

1. 하나님의 이름은 무엇입니까?(사 45:6)

이사야 45:6 해 뜨는 곳에서든지 지는 곳에서든지 나밖에 다른 이가 없는 줄을 알게 하리라 나는 여호와라 다른 이가 없느니라.

2. 하나님은 왜 우리에게 이름을 알려주셨습니까?(사 48:17, 출 34:6)

이사야 48:17 너희의 구속자시요 이스라엘의 거룩하신 이이신 여호와께서 이르시되 나는 네게 유익하도록 가르치고 너를 마땅히 행할 길로 인도하는 네 하나님 여호와라.

출애굽기 34:6 여호와께서 그의 앞으로 지나시며 선포하시되 여호와라 여호와라 자비롭고 은혜롭고 노하기를 더디하고 인자와 진실이 많은 하나님이라.

3. 그러므로 하나님의 이름을 부를 때 우리는 어떤 마음을 가져야 합니까?(신 16:11)

신명기 16:11 너와 네 자녀와 노비와 네 성중에 있는 레위인과 및 너희 중에 있는 객과 고아와 과부가 함께 네 하나님 여호와께서 자기의 이름을 두시려고 택하신 곳에서 네 하나님 여호와 앞에서 즐거워할지니라.

핵심만 콕콕!

나는 우리와 관계 맺기를 기뻐하고,
우리를 용서하며, 인도하시는
은혜의 하나님께 기도한다.

OPEN LIFE 오픈라이프

나눔 하나님의 은혜를 깊이 느껴본 적이 있다면 나눠보세요.

실천 하나님의 이름에 담긴 의미를 되새기면서 '여호와'로 삼행시를 지어보세요. 한 주 동안 하나님의 이름을 부르며 기도드립시다.

여 ....

호 ....

와 ....

예 : **여** 여러분!

호 호산나란 "당신께 구하오니 우리를 구원하소서"라는 뜻이래요.

와 와~ 그런 걸 어떻게 아냐고, 고양이~ 고양이~

여 여기 모인 우리는 예수님을 만난 사람들이에요.

호 호두 한 알이라도 생기면 나눠 먹으며 즐거워할 수 있는 영적 형제자매들이죠.

와 와장창 먹지 않아도 함께해서 즐거운 사이예요.

우리에게 이름을 알려주시고 우리와 관계를 맺고 함께하는 것을 기뻐하시는 하나님. 날마다 하나님과 동행하는 기쁨을 누리며 살 수 있게 도와주세요.

하나님, 축복의 이름!!

고대에는 오늘날보다 이름이 지니는 의미가 매우 컸다. 이름이 나를 다른 사람과 구별하게 해줄 뿐 아니라 나의 본성과 성품을 드러낸다고 여겼다. 성경에 기록된 다양한 하나님의 이름이 특히 그러하다. 우리는 하나님의 이름을 통해 그분을 바르게 알고, 그분의 놀라운 약속을 붙들고 살아갈 수 있다.

● 엘로힘 : 하나님은 위대한 창조자시다

성경의 가장 첫 문장에 나오는 하나님의 호칭. 신성을 뜻하는 가장 오래된 칭호 가운데 하나다.

● 엘 로이 : 하나님은 우리를 감찰하신다

이집트 출신의 여종 하갈이 광야에서 하나님을 만나 그분을 '엘 로이' 라고 불렀다. 우리는 우리의 모든 형편을 아시는 하나님에게 기도할 수 있다.

● 엘 샤다이 : 하나님은 전능하시다

하나님이 아브라함에게 자신을 계시할 때 쓰신 이름. 우리는 불가능한 게 없는 하나님에게 의지하며 기도할 수 있다.

● 엘 올람 : 하나님은 영원/영생하시다

시작과 끝이 없는 하나님, 하루가 천 년 같고 천 년이 하루 같은 하나님을 뜻한다. 하나님의 율법, 약속, 언약, 나라를 가리키는 데 사용된다.

● 여호와 이레 : 하나님이 공급하신다

하나님이 이삭 대신 번제물로 쓸 수양을 준비해주신 장면에서 나온 이름. 우리는 모든 상황을 미리 보고 필요한 것을 공급하시는 하나님께 기도할 수 있다.

● 여호와 : 하나님은 주이시다

'스스로 있는 자' (출 3:14)라는 하나님의 자기 설명은 그분이 늘 우리 곁에 계시고 우리를 구원하신다는 사실을 일깨워준다.

● 아도나이 : 하나님은 주인이시다

하나님은 주이고 우리는 그분의 종이라는 관계적인 의미를 지닌다.

● 여호와 로페 : 하나님은 나의 치유자시다

우리는 우리 안의 모든 것을 하나님께 보여드리며 몸과 마음과 영혼의 치유를 구할 수 있다.

● 여호와 닛시 : 하나님은 나의 깃발이시다

어떤 원수도 격파하시는 능력의 하나님께 기도할 때 쓰이는 이름이다.

● 여호와 샬롬 : 주는 평화이시다

샬롬은 하나님과 조화를 이루며 사는 것에서 유래된 말이다. 그 결과 다른 사람들과도 조화롭게 살고 재산, 건강, 만족, 온전함, 행복을 누리는 것이다.

이 외에도 애쉬 오클라/엘 칸나(하나님은 소멸하는 불 · 질투하시는 분), 케도시 이스라엘(이스라엘의 거룩한 자), 여호와 체바오트(하나님은 만군의 주), 여호와 추리(주님은 반석), 여호와 로이(여호와는 나의 목자), 하쉠(모든 이름 위에 뛰어난 이름), 멜렉(왕), 이쉬(남편), 엘 차이(하나님은 살아 계신다), 믹달오즈(견고한 망대), 쇼페트(심판자), 미크웨 이스라엘(이스라엘의 소망), 여호와 칫케누(주님은 우리의 의가 되신다), 엘 엘리온(하나님은 가장 높은 분이시다), 여호와 삼마(여호와가 거기 계신다), 압/아바/파테르(아버지)라는 호칭이 있다. ■

– 「축복의 이름」(앤 스팽글러 지음, 좋은씨앗 간)

session 04

거룩히 여김을 : 거룩한 게 뭐예요?

그러므로 너희는 이렇게 기도하라 하늘에 계신 우리 아버지여
이름이 거룩히 여김을 받으시오며(마 6:9).

OPEN MIND 오픈마인드

외모, 표정, 버릇, 성격, 재능 등 다른 사람과 구별되는 나만의 특징이 있다면 얘기해보세요.

OPEN BIBLE 오픈바이블

1. 우리가 세상에서 구별되어 하나님의 뜻을 따르는 것을 무엇이라고 합니까?(대상 23:13)

역대상 23:13 아므람의 아들들은 아론과 모세이니 아론은 그 자손들과 함께 구별되어 몸을 성결하게 하여 영원토록 심히 거룩한 자가 되어 여호와 앞에 분향하고 섬기며 영원토록 그 이름으로 축복하게 되었느니라.

2. 하나님을 믿는 우리가 세상과 구별되고 거룩해져야 하는 이유는 무엇입니까?(레 11:45)

레위기 11:45 나는 너희의 하나님이 되려고 너희를 애굽 땅에서 인도하여 낸 여호와라 내가 거룩하니 너희도 거룩할지어다.

3. 우리는 어떻게 거룩해질 수 있습니까?(히 10:10, 레 20:8)

히브리서 10:10 이 뜻을 따라 예수 그리스도의 몸을 단번에 드리심으로 말미암아 우리가 거룩함을 얻었노라.

레위기 20:8 너희는 내 규례를 지켜 행하라 나는 너희를 거룩하게 하는 여호와이니라.

핵심만 콕콕!

나는 하나님의 이름이 거룩함을
인정하며, 나도 거룩하기를 원하시는
하나님께 순종하는 마음으로 기도한다.

OPEN LIFE 오픈라이프

나눔 하나님의 자녀답게 구별된 모습으로 살기 위해 내가 할 수 있는 일들을 생각해보세요.

예 : 큐티하기, 봉사하기, 욕하지 않기, 친구 괴롭히지 않기…

실천 위에서 나눈 일들을 이번 주부터 실천에 옮겨보세요. 한 번이라도 실천한 날에는 동글이에게 환한 표정을 그려 넣어주세요.

일	월	화	수	목	금	토

하나님, 저를 구별된 하나님의 자녀로 불러주셔서 감사합니다. 하나님이 거룩하신 것처럼 저도 거룩해질 수 있도록 도와주세요.

session 05

나라가 임하시오며 : 나의 진짜 국적

나라가 임하시오며 뜻이 하늘에서 이루어진 것 같이
땅에서도 이루어지이다(마 6:10).

OPEN MIND 오픈마인드

대한민국 국민이라는 것은 나에게 어떤 의미입니까?

OPEN BIBLE 오픈바이블

1. "나라가 임하시오며"에서 얘기하는 나라는 어떤 나라입니까?(계 5:9-10)

요한계시록 5:9-10 [9] 그들이 새 노래를 불러 이르되 두루마리를 가지시고 그 인봉을 떼기에 합당하시도다 일찍이 죽임을 당하사 각 족속과 방언과 백성과 나라 가운데에서 사람들을 피로 사서 하나님께 드리시고 [10] 그들로 우리 하나님 앞에서 나라와 제사장들을 삼으셨으니 그들이 땅에서 왕 노릇 하리로다 하더라.

2. 그 나라에서 우리는 어떤 신분을 가지게 됩니까?(벧전 2:9)

베드로전서 2:9 그러나 너희는 택하신 족속이요 왕 같은 제사장들이요 거룩한 나라요 그의 소유가 된 백성이니 이는 너희를 어두운 데서 불러내어 그의 기이한 빛에 들어가게 하신 이의 아름다운 덕을 선포하게 하려 하심이라.

3. 하나님나라의 국민들은 어떻게 살아야 합니까?(롬 14:17, 마 6:33)

로마서 14:17 하나님의 나라는 먹는 것과 마시는 것이 아니요 오직 성령 안에 있는 의와 평강과 희락이라.

마태복음 6:33 그런즉 너희는 먼저 그의 나라와 그의 의를 구하라 그리하면 이 모든 것을 너희에게 더하시리라.

핵심만 콕콕!

나는 하나님의 나라가 이미 이 땅에 시작되었음을 고백하며, 그 나라의 확장을 위하여 그 나라의 백성답게 살기를 원하며 기도한다.

OPEN LIFE 오픈라이프

나눔 지금까지 내가 하나님나라의 백성이라는 것은 내게 어떤 의미였나요? 오늘 공부 후 생각이 달라진 점이 있나요?

실천 하나님의 다스리심이 내 삶에 나타나도록 하기 위해, 하나님나라를 넓히기 위해 내가 실천할 수 있는 일들을 생각해보세요.

할 수 있는 일	의미	구체적인 일들
자연 보호	하나님의 뜻대로 자연을 다스림	
친구 전도	하나님나라의 백성으로 초대함	
사랑의 실천	하나님나라의 법을 지킴	
성실하게 살기	하나님나라의 사명을 위해 일함	

저를 하나님나라의 백성으로 삼아주신 주님, 감사드립니다. 하나님나라의 백성답게 살 수 있도록 도와주세요.

session 06

뜻이 하늘에서, 땅에서 : 그분의 의지

나라가 임하시오며 뜻이 하늘에서 이루어진 것같이
땅에서도 이루어지이다(마 6:10).

OPEN MIND 오픈마인드

처음 계획했던 것과 결과가 다르게 나와서 당황한 일이 있었나요?

OPEN BIBLE 오픈바이블

1. "뜻이 하늘에서 이루어졌다"는 말은 어떤 의미입니까?(고전 2:7, 엡 3:11)

고린도전서 2:7 오직 은밀한 가운데 있는 하나님의 지혜를 말하는 것으로서 곧 감추어졌던 것인데 하나님이 우리의 영광을 위하여 만세 전에 미리 정하신 것이라.

에베소서 3:11 곧 영원부터 우리 주 그리스도 예수 안에서 예정하신 뜻대로 하신 것이라.

2. "뜻이 땅에서도 이루어진다"는 말은 어떤 의미입니까?(렘 1:12, 마 13:35)

예레미야 1:12 여호와께서 내게 이르시되 네가 잘 보았도다 이는 내가 내 말을 지켜 그대로 이루려 함이라 하시니라.

마태복음 13:35 이는 선지자를 통하여 말씀하신바 내가 입을 열어 비유로 말하고 창세부터 감추인 것들을 드러내리라 함을 이루려 하심이라.

3. "뜻이 하늘에서 이루어진 것같이 땅에서도 이루어지이다"라고 고백하는 우리는 어떤 자세로 살아야 합니까?(행 27:25)

사도행전 27:25 그러므로 여러분이여 안심하라 나는 내게 말씀하신 그대로 되리라고 하나님을 믿노라.

핵심만 콕콕!

나는 하나님이 성경에 말씀하신 모든 계획과
약속이 이미 모두 성취되었음을 믿고,
시간이 지나면 그 일들을 내 눈으로 분명히
볼 것을 믿으며 기도한다.

OPEN LIFE 오픈라이프

나눔 지금까지 읽고, 알고 있는 하나님의 말씀 중에 기억에 남는 구절이 있다면 얘기해보세요.

실천 한 주 동안 하나님의 약속인 성경 말씀을 매일 한 장씩 읽고 그 중에서 가장 마음에 와 닿은 구절을 적어보세요.

일	
월	
화	
수	
목	
금	
토	

하나님, 하나님의 뜻이 이미 모두 이루어졌음을 믿습니다. 이루어진 그 일이 우리 눈앞에 보이는 날까지 인내하며 묵묵히 하나님이 원하시는 길을 걷는 자녀가 되게 해주세요.

session 07

일용할 양식을 : 하나님이 주신다

오늘 우리에게 일용할 양식을 주시옵고(마 6:11).

OPEN MIND 오픈마인드

KIWY RESTAURANT

Main Menu

아무리 씹어도 씹히지 않고 육수만 우러나오는 사각턱 맞춤 특선 요리…
생고무 등심 스테이크

전분 99%, 돈육 1% 소시지 부침 + 추억의 닥구앙 + 밥 밑에 깐 계란 프라이…
추억의 도시락

고추장 No! 고춧가루 No! 청양고추 No! 오로지 캡사이신 원액으로만 양념한…
Sooo~ Hot 떡볶이

알 수 없는 재료를 꽉꽉 채워넣은 신비의 맛. 한 입에 먹다 입천장 홀랑 까지는…
그럴만두하군 만두

한다리 버티기 훈련으로 특별히 강화된 수탉의 오른쪽 다리를 튀겨낸…
보디빌더 닭다리

버터를 듬뿍 발라 구워낸 세프 추천 요리. 집게발은 가위로 재활용…
집게발 재활용 랍스타

Dissert Menu

달콤한 주스의 시대는 끝났다. 짭짤하니 마실수록 당기는…
까나리액젓 주스

기름진 음식 먹고 느끼할 때 한 모금이면 속이 뻥 뚫리고, 이와 뼈도 뻥 뚫리는…
뚫어뻥 콜라

더울 때 한 입 먹으면 땀이 쏙 들어가고 손실된 염분을 채워주는…
내 몸에 간장 빙수

31가지 맛은 지겹다. 청국장맛, 고기맛, 짜장맛 등 99가지 새로운 맛의 세계로…
나인티 나인 아이스크림

껍질째 와작와작 씹어먹는 꿀박이, 백설공주도 한 입 먹고 바로 쓰러진…
하와네 죽여주는 사과

봄에 딸기밭에서 따서 급냉동시켰다가 사시사철 해동시켜 먹는 아 맛나…
깨알 총총 딸기

지금 먹고 싶은 것, 갖고 싶은 것이 있다면 말해보세요(현실성이 없어도 괜찮아요).

OPEN BIBLE 오픈바이블

1. '일용할 양식' 은 무엇을 의미합니까?(잠 30:8)

잠언 30:8 곧 헛된 것과 거짓말을 내게서 멀리 하옵시며 나를 가난하게도 마옵시고 부하게도 마옵시고 오직 필요한 양식으로 나를 먹이시옵소서.

2. 일용할 양식이 넘치거나 모자랄 때 우리는 어떻게 됩니까?(잠 30:9)

잠언 30:9 혹 내가 배불러서 하나님을 모른다 여호와가 누구냐 할까 하오며 혹 내가 가난하여 도둑질하고 내 하나님의 이름을 욕되게 할까 두려워함이니이다.

3. '일용할 양식' 을 구하는 그리스도인들은 어떤 마음을 가져야 합니까?(딤전 6:6-8)

디모데전서 6:6-8 6 그러나 자족하는 마음이 있으면 경건은 큰 이익이 되느니라 7 우리가 세상에 아무 것도 가지고 온 것이 없으매 또한 아무 것도 가지고 가지 못하리니 8 우리가 먹을 것과 입을 것이 있은즉 족한 줄로 알 것이니라.

핵심만 콕콕!

나는 우리에게 필요한 의식주를
공급하시는 하나님을 믿으며,
하나님께서 무엇을 주시든 감사함으로 받고
자족하는 마음을 주시길 기도한다.

OPEN LIFE 오픈라이프

나눔 솔직히 생각해보면 꼭 필요하지는 않은데 계속 욕심이 나는 것이 있나요? 또 지금 내가 꼭 필요하다고 생각되어 구하는 것이 있다면 얘기해보세요.

실천 '일용한 양식'을 구하는 마음의 기초는 자족하는 '감사'의 마음입니다. 지난 한 주 동안 감사했던 일들을 구체적으로 적어보세요.

감사합니다, 감사합니다~♬♪♩♬♪♪

하나님, 제게 꼭 필요한 것이 무엇인지 알아보고 판단할 수 있는 지혜를 주세요. 그것을 겸손하게 구하기 원합니다. 욕심을 버리고 늘 감사하는 마음으로 살게 도와주세요.

session 08

우리에게 죄 지은 자를 : 용서

우리가 우리에게 죄 지은 자를 사하여준 것같이
우리 죄를 사하여주시옵고(마 6:12).

OPEN MIND 오픈마인드

친구가 잘못해서 기분이 나빴거나 마음에 상처를 입은 적이 있나요?

OPEN BIBLE 오픈바이블

1. 우리가 다른 사람을 용서하지 못한 채 회개할 때 하나님은 어떻게 응답하십니까?(마 18:35)

마태복음 18:35 너희가 각각 마음으로부터 형제를 용서하지 아니하면 나의 하늘 아버지께서도 너희에게 이와 같이 하시리라.

2. 다른 사람을 먼저 용서하고 하나님께 회개하러 나온 사람은 어떤 마음을 가지고 있습니까?(사 38:3)

이사야 38:3 이르되 여호와여 구하오니 내가 주 앞에서 진실과 전심으로 행하며 주의 목전에서 선하게 행한 것을 기억하옵소서 하고 히스기야가 심히 통곡하니.

3. 우리는 우리에게 잘못한 다른 사람을 어떻게 용서해야 합니까?(엡 4:32, 마 18:22)

에베소서 4:32 서로 친절하게 하며 불쌍히 여기며 서로 용서하기를 하나님이 그리스도 안에서 너희를 용서하심과 같이 하라.

마태복음 18:22 예수께서 이르시되 네게 이르노니 일곱 번뿐 아니라 일곱 번을 일흔 번까지라도 할지니라.

핵심만 콕콕!

나는 형제를 용서함으로써
하나님 앞에 진정 회개하는 태도로
나아가고, 간절히 은혜를 구하는
마음으로 기도한다.

OPEN LIFE 오픈라이프

나눔 도무지 용서할 마음이 생기지 않는 사람이 주변에 있나요? 있다면 그 이유는 무엇인가요?

예 : 뉘우치지 않은 뻔뻔한 태도가 괘씸해서, 이젠 더 이상 볼 수 없게 되어서, 나보다 잘 나서…

실천 우리는 하나님께 씻을 수 없는 죄를 이미 용서받은 그리스도인입니다. 용서하기 싫고, 용서가 안 되는 한 사람을 떠올리며 용서의 마음을 달라고 하나님께 기도합시다. 그 다음, 용서의 첫걸음으로 한 주 동안 그 사람에게 어떤 일을 할 수 있을지 생각하고 실천에 옮겨보세요.

예 : 뒤에서 험담하는 것 그만두기, 아무 말 없이 사탕 선물하기, 따듯한 말 건네기, 남 모르게 도움 주기

하나님, 제게 잘못한 친구나 가족을 용서하지 못하는 마음을 버리고 하나님께 더 간절한 마음으로 나아갈 수 있도록 도와주세요.

재미로 보는 나의 분노지수!

아, 열받아~ 내가 시한폭탄이라고?

나의 분노 지수를 알아보고, 화를 지혜롭게 다스리는 방법에 대해 생각해보세요.

【 4 = 늘 그렇다 3 = 대체로 그렇다 2 = 가끔 그렇다
1 = 거의 그렇지 않다 0 = 전혀 그렇지 않다 】

- ☐ 성격이 급하다는 소리를 듣는다.
- ☐ 자신감이 없어 고민한 적이 있다.
- ☐ 두통이나 복통이 자주 생긴다.
- ☐ 하나님이 계신지 잘 모르겠다.
- ☐ 나는 사랑받지 못하는 사람이다.
- ☐ 나는 다른 사람의 시선을 중요시 한다.
- ☐ 나는 운이 없는 편이다.
- ☐ 다른 사람 때문에 억울하게 혼난 적이 있다.
- ☐ 화가 나면 소리를 지른다.
- ☐ 시험을 잘 보거나 칭찬받는 친구가 얄밉다.
- ☐ 친구가 내 말을 듣지 않아 화가 날 때가 있다.
- ☐ 친구의 안 좋은 소식을 들으면 꼬치꼬치 캐묻고 싶다.
- ☐ 내게 상처 준 사람들이 벌을 받았으면 좋겠다.
- ☐ 나는 사람들을 판단하고 비판하는 경향이 있다.
- ☐ 나와 생각이 다른 친구들을 이해할 수 없다.
- ☐ 나와 사이가 좋지 않은 사람이 주변에 있다.
- ☐ 엉뚱한 데서 화풀이를 한 적이 있다.

□ 화가 나서 물건을 부순 적이 있다.

□ 우울한 기분이 3일 이상 간 적이 있다.

□ 몹시 흥분하면 욕이 나온다.

□ 부모님과 선생님의 간섭이 너무 심한 것 같다.

□ 잘못을 지적받으면 짜증이 난다.

□ 내 사전에 "미안해"라는 말은 없다.

□ 인터넷에 (익명으로) 비열한 댓글을 단다.

□ 사소한 일이라도 복수를 해야 직성이 풀린다.

▶ **76–100점 : 걸어 다니는 시한폭탄형!** 분노와 실망을 가슴에 품고 다니다가 아무 데나 집어던진다. 자신이 언제부터, 왜 이렇게 됐는지 근본적으로 돌아보자. 이러다간 주변에 남아 있을 사람이 없다. 분노가 끓어오른다 싶으면 '일단 멈춤'을 하고 10초간 심호흡을 해보라. "노하기를 더디하는 자는 용사보다 낫고 자기의 마음을 다스리는 자는 성을 빼앗는 자보다 나으니라"(잠 16:32).

▶ **51–75점 : 다른 사람의 감정을 은근히 건드리는 까칠형!** 겉으로는 깍듯해도 알고 보면 뒤끝이 장난 아니다. 문제는 자기가 그런 사람임을 모른다는 것. 나는 과연 수련회 같은 곳에서 한 조가 되면 친구들이 좋아할 만한 사람인지 돌아볼 필요가 있다. "분을 내어도 죄를 짓지 말며 해가 지도록 분을 품지 말고"(엡 4:26).

▶ **26–50점 : 다른 사람의 감정에 신경 쓰는 배려형!** 내가 어떻게 보일지 두려워서든, 상대가 내 말에 상처받지 않을까 걱정되어서든 어느 정도 다른 사람을 배려하는 편이다. 친구 관계도 원만하지만 참아온 감정이 간혹 한꺼번에 터질 수 있으므로 적절하게 자신의 감정을 표현할 줄 알아야 한다. "너희 염려를 다 주께 맡기라 그가 너희를 돌보심이라"(벧전 5:7).

▶ **0–25점 : 인간관계의 달인형!** 화를 내지 않고도 얼마든지 일을 해결할 수 있으며, 짜증 부리는 것이 누구에게도 도움 되지 않는다는 사실을 잘 아는 사람이다. 자신의 밝고 긍정적이며 따듯한 기운을 주변 사람들에게 전할 수 있는 방법에 대해 생각해보자. "너희 안에 이 마음을 품으라 곧 그리스도 예수의 마음이니"(빌 2:5).

session 09

우리 죄를 사하여주시옵고 : 회개

우리가 우리에게 죄 지은 자를 사하여준 것같이
우리 죄를 사하여주시옵고(마 6:12).

OPEN MIND 오픈마인드

결심했으나 뜻대로 안 되어 낙담했던 적이 있나요?

OPEN BIBLE 오픈바이블

1. 하나님께 받는 죄 사함은 두 가지로 나눌 수 있습니다. 어떤 죄 사함입니까?(행 2:38, 계 2:5)

사도행전 2:38 베드로가 이르되 너희가 회개하여 각각 예수 그리스도의 이름으로 세례를 받고 죄 사함을 받으라 그리하면 성령의 선물을 받으리니.

요한계시록 2:5 그러므로 어디서 떨어졌는지를 생각하고 회개하여 처음 행위를 가지라 만일 그리하지 아니하고 회개하지 아니하면 내가 네게 가서 네 촛대를 그 자리에서 옮기리라.

2. 우리가 죄와 싸우기를 포기하거나 회개하지 않으면 어떤 일이 일어납니까?

1) ____________이 생긴다(시 38:3-4).

시편 38:3-4 [3] 주의 진노로 말미암아 내 살에 성한 곳이 없사오며 나의 죄로 말미암아 내 뼈에 평안함이 없나이다 [4] 내 죄악이 내 머리에 넘쳐서 무거운 짐 같으니 내가 감당할 수 없나이다.

2) ______________에 사로잡힌다(시 106:6).

시편 106:6 우리가 우리의 조상들처럼 범죄하여 사악을 행하며 악을 지었나이다.

핵심만 콕콕!

나는 죄와의 싸움을 절대로
포기하지 않고, 죄를 지을 때마다
회개하며, 죄를 이길 힘을 구하고,
선한 결단을 하려는 마음으로 기도한다.

OPEN LIFE 오픈라이프

나눔 이제는 끊어버리고 싶은 나의 잘못된 습관이나 태도가 있다면 얘기해보세요.

예 : 욕설, 게으름, 반항, 폭력, 게임중독, 시기심, 잘난 척, 열등감…

실천 위에서 얘기한 죄에 대해 하나님께 진정으로 회개하고, 어떻게 돌이킬 것인지 방법을 생각한 후 이번 주부터 실천에 옮겨보세요.

하나님, 죄를 지을 때마다 마음을 돌이켜 진정으로 회개하고 용서받기 원합니다. 죄에 무디어지지 않고 늘 죄와 싸워서 이기는 경건한 자녀가 되게 도와주세요.

session **10**

시험에 들게 마시옵고 : 유혹과 단련

우리를 시험에 들게 하지 마시옵고 다만 악에서 구하시옵소서
(나라와 권세와 영광이 아버지께 영원히 있사옵나이다)(마 6:13).

OPEN MIND 오픈마인드

학교 공부 중에 가장 자신 있는 과목과 가장 자신 없는 과목은?

1. 성경에서 말하는 시험에는 몇 가지 종류가 있습니다. 어떤 시험입니까?

1) ________에서 비롯된 시험(약 1:13-15)

야고보서 1:13-15 [13] 사람이 시험을 받을 때에 내가 하나님께 시험을 받는다 하지 말지니 하나님은 악에게 시험을 받지도 아니하시고 친히 아무도 시험하지 아니하시느니라 [14] 오직 각 사람이 시험을 받는 것은 자기 욕심에 끌려 미혹됨이니 [15] 욕심이 잉태한즉 죄를 낳고 죄가 장성한즉 사망을 낳느니라.

2) 하나님께서 우리를 ________하기 위해 주시는 시험(시 66:10)

시편 66:10 하나님이여 주께서 우리를 시험하시되 우리를 단련하시기를 은을 단련함 같이 하셨으며.

3) 하나님이 우리의 ________을(를) 점검하기 위해 주시는 시험(창 22:1)

창세기 22:1 그 일 후에 하나님이 아브라함을 시험하시려고 그를 부르시되 아브라함아 하시니 그가 가로되 내가 여기 있나이다.

2. 주기도문에서 말하는 시험의 원인과 대비책은 무엇입니까?(약 1:14-15)

야고보서 1:14-15 [14] 오직 각 사람이 시험을 받는 것은 자기 욕심에 끌려 미혹됨이니 [15] 욕심이 잉태한즉 죄를 낳고 죄가 장성한즉 사망을 낳느니라.

핵심만 콕콕!

나는 나의 욕심으로 인한 시험에 들지 않기
위하여 늘 하나님을 바라고, 하나님의 도우심과
동행하심을 구하며, 하나님의 말씀 안에
있기를 원하며 기도한다.

OPEN LIFE 오픈라이프

나눔 나에게 가장 참기 힘든 시험(유혹)은 무엇입니까?

예 : 잠, 음식, 게임, 공부, TV…

실천 위에서 얘기한 시험(유혹)과 한번 치열하게 싸워보겠다고 결심한 후 나만의 실천 규칙을 구체적으로 세워봅시다.

예 : 오후 6시 이후 군것질을 하지 않겠다, TV를 하루 1시간 이상 보지 않겠다, 모닝콜을 부탁한다, PC방에 가는 회수를 제한한다…

나의 결심 :

나의 실천 :

하나님, 욕심에 빠져 시험에 들지 않도록 붙들어주세요. 늘 하나님과 동행하는 자녀가 되게 해주세요.

session 11

다만 악에서 구하옵소서 : 승리

우리를 시험에 들게 하지 마시옵고 다만 악에서 구하시옵소서
(나라와 권세와 영광이 아버지께 영원히 있사옵나이다)(마 6:13).

OPEN MIND 오픈마인드

'사탄' 혹은 '마귀' 라는 단어를 들을 때 어떤 이미지가 떠오르나요?

OPEN BIBLE 오픈바이블

1. 우리의 악은 어디에서 나옵니까?(요 8:44)

요한복음 8:44 너희는 너희 아비 마귀에게서 났으니 너희 아비의 욕심대로 너희도 행하고자 하느니라 그는 처음부터 살인한 자요 진리가 그 속에 없으므로 진리에 서지 못하고 거짓을 말할 때마다 제 것으로 말하나니 이는 그가 거짓말쟁이요 거짓의 아비가 되었음이라.

2. 마귀는 무슨 일을 합니까?(요일 4:6, 고후 11:14-15)

요한일서 4:6 우리는 하나님께 속하였으니 하나님을 아는 자는 우리의 말을 듣고 하나님께 속하지 아니한 자는 우리의 말을 듣지 아니하나니 진리의 영과 미혹의 영을 이로써 아느니라.

고린도후서 11:14-15 [14] 이것은 이상한 일이 아니니라 사탄도 자기를 광명의 천사로 가장하나니 [15] 그러므로 사탄의 일꾼들도 자기를 의의 일꾼으로 가장하는 것이 또한 대단한 일이 아니니라 그들의 마지막은 그 행위대로 되리라.

3. 우리가 악을 이길 수 있는 방법은 무엇입니까?(엡 6:11)

에베소서 6:11 마귀의 간계를 능히 대적하기 위하여 하나님의 전신 갑주를 입으라.

핵심만 콕콕!

나는 마귀보다 강하고 전능하신
하나님이 우리를 악에서 건지시며
승리하게 하실 줄 믿는
믿음으로 기도한다.

OPEN LIFE 오픈라이프

나눔 이 과를 배우고 나서 마귀에 대해 생각이 달라진 점이 있나요?

실천 에베소서 6장 10-18절을 읽고, 전신갑주가 무엇인지 아래에 적어 보세요.

에베소서 6:10-18 10 끝으로 너희가 주 안에서와 그 힘의 능력으로 강건하여지고 11 마귀의 간계
를 능히 대적하기 위하여 하나님의 전신 갑주를 입으라 12 우리의 씨름은 혈과 육을 상대하는 것
이 아니요 통치자들과 권세들과 이 어둠의 세상 주관자들과 하늘에 있는 악의 영들을 상대함이
라 13 그러므로 하나님의 전신 갑주를 취하라 이는 악한 날에 너희가 능히 대적하고 모든 일을
행한 후에 서기 위함이라 14 그런즉 서서 진리로 너희 허리띠를 띠고 의의 호심경을 붙이고 15 평
안의 복음이 준비한 것으로 신을 신고 16 모든 것 위에 믿음의 방패를 가지고 이로써 능히 악한
자의 모든 불화살을 소멸하고 17 구원의 투구와 성령의 검 곧 하나님의 말씀을 가지라 18 모든 기
도와 간구를 하되 항상 성령 안에서 기도하고 이를 위하여 깨어 구하기를 항상 힘쓰며 여러 성
도를 위하여 구하라.

하나님, 미혹하는 마귀로부터 저를 지키시고, 영적 전쟁에서 승리하는 하나님의 군사가 되게 해주세요.

session 12

아멘 : 그대로 이루어지리라

우리를 시험에 들게 하지 마시옵고 다만 악에서 구하시옵소서
(나라와 권세와 영광이 아버지께 영원히 있사옵나이다 아멘)(마 6:13).

OPEN MIND 오픈마인드

교회에서 주로 사용하는 말이나 용어 중 기억나는 것을 얘기해보세요.

OPEN BIBLE 오픈바이블

1. '아멘' 은 무슨 뜻입니까?(렘 1:12, 계 22:20)

예레미야 1:12 여호와께서 내게 이르시되 네가 잘 보았도다 이는 내가 내 말을 지켜 그대로 이루려 함이라 하시니라.

요한계시록 22:20 이것들을 증언하신 이가 이르시되 내가 진실로 속히 오리라 하시거늘 아멘 주 예수여 오시옵소서.

2. 기도의 마지막을 '아멘' 으로 마무리하기 위해서는 어떤 기도를 해야 합니까?(약 4:3, 요일 5:14)

야고보서 4:3 구하여도 받지 못함은 정욕으로 쓰려고 잘못 구하기 때문이라.

요한일서 5:14 그를 향하여 우리가 가진 바 담대함이 이것이니 그의 뜻대로 무엇을 구하면 들으심이라.

3. '아멘' 이라고 말할 때 우리는 기도 능력을 어떻게 확신하는 것입니까?(마 21:22)

마태복음 21:22 너희가 기도할 때에 무엇이든지 믿고 구하는 것은 다 받으리라 하시니라.

핵심만 콕콕!

나는 나의 기도가 하나님의 뜻에 합한, 하나님에 대해 순종하는 기도가 되길 원하며, 그러한 기도는 반드시 이루어진다는 믿음으로 기도한다.

OPEN LIFE 오픈라이프

나눔 간절히 믿고 구했을 때 기도의 응답을 받은 적이 있다면 나누어보세요.

실천 이번 주에 기도를 드릴 때마다 '아멘'의 의미를 깊이 생각해봅시다. 그리고 '아멘'으로 구한 내용을 아래에 적어보세요.

하나님, 저의 기도가 하나님 마음에 합한 기도, 그래서 응답되는 기도가 되게 해주세요. 진정 '아멘'으로 마무리할 수 있는 기도가 되게 해주세요.

다세연 www.daseyeon.org

다음세대를 섬기는 사람들의 연대(이하 다.세.연)는 다음세대가 하나님께서 주신 은사와 재능을 가지고 하나님의 부르심에 응답하며 행복한 삶을 살 수 있도록 섬기는 사람들의 연대 기구다.

2005년 결성된 이후로 서울 강남 지역의 중고등학교 캠퍼스 사역에 집중해오던 다.세.연.은 하나님의 섬세한 계획 가운데 김용재 목사(前 NECTAR 대표 간사, 前 소망교회 청소년 팀장), 김정윤 목사(사랑의교회 청소년부서 디렉터), 김종설 목사(영동교회 청소년 팀장), 이재욱 목사를 비롯한 여러 청소년 사역 현장 전문가들이 한뜻을 모으게 되면서 사역의 방향을 새롭게 전환하고 제2의 창립을 시도하게 되었다.

이제 다.세.연.은 특정지역과 대상에 국한되어 있는 사역의 한계를 넘어 전국 각지의 청소년 사역자, 교회 그리고 사역단체들과 힘을 합하여 상대적으로 소외된 지역의 청소년 사역이 건강하게 이루어질 수 있도록 섬기고자 작은 발걸음을 내딛고 있다.

■ 주 집필

이재욱 목사

서울 대방중앙교회 담임, 유스코스타(Youth KOSTA) 강사, 다.세.연. 멘토, 「수련회 카운터펀치를 날리다」(BIM), 「중고등부, 2년 안에 성장할 수 있다」, 「교사를 다시 일으켜 세우는 5가지 힘」, 「부족해도 괜찮아」(이하 좋은씨앗) 저자. cteen@hanmail.net

■ 객원 집필

김용철 목사

서울 신당중앙교회 중고등교육팀

문근식 목사

용인 성서교회 청소년부, 「어? 되네! 청소년 전도」(좋은씨앗) 저자

박건용 목사

서울 대방중앙교회 교육 디렉터, 전 조코재미 PD, BIM 멀티미디어 팀장

이영표 목사

인천 수봉산교회 중등부